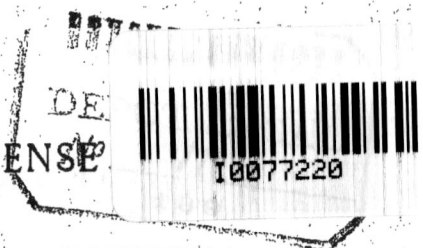

COMITÉ DE DÉFENSE

DES

ENFANTS TRADUITS EN JUSTICE

MARSEILLE

RAPPORT

SUR LA QUESTION :

Les Tribunaux français peuvent-ils légalement appliquer la déchéance de la puissance paternelle aux parents étrangers ?

PAR

ARMAND BÉDARRIDE

AVOCAT

A la Séance du 4 Mars 1895

Au Palais de Justice de Marseille

Sous la présidence de Mᵉ VIDAL-NAQUET

AVOCAT, PRÉSIDENT DU COMITÉ

MARSEILLE

IMPRIMERIE GÉNÉRALE ACHARD ET Cⁱᵉ

Rue Chevalier-Roze, 3 et 5

1895

BUREAU DU COMITÉ

PRÉSIDENTS D'HONNEUR :

MM. MICHEL-JAFFARD, ✶, I. ✪, premier président de la Cour d'appel.

NAQUET, O. ✶, I. ✪, procureur général près la Cour d'appel.

De ROSSI, ✶, président du Tribunal civil.

PELLÉFIGUE, ✶, procureur de la République.

PLATY-STAMATY, ✪, bâtonnier de l'Ordre des Avocats.

PRÉSIDENT HONORAIRE :

M. CONTE, juge au Tribunal civil.

PRÉSIDENT :

M. VIDAL-NAQUET, ✪, avocat.

VICE-PRÉSIDENTS :

MM. GUIBERT, ✶, avocat, conseiller général des Bouches-du-Rhône.

DELEUIL, juge au Tribunal civil, conseiller général des Bouches-du-Rhône.

SECRÉTAIRE-GÉNÉRAL :

M. Wulfran JAUFFRET, avocat.

TRÉSORIER :

M. LAUGIER, avoué.

CONSEILLERS :

MM. BONNARD, ✪, directeur de la 32ᵉ Circonscription pénitentiaire.

CORTICCHIATO, avocat.

MAZADE, ✪, ✠, O. ✶, docteur en médecine, inspecteur départemental de l'Assistance publique.

PARROCEL, ✪, substitut du Procureur de la République.

TALON, avocat.

ROUX, substitut du Procureur de la République.

SECRÉTAIRES :

MM. Paul BERGASSE, avocat.

ARDISSON de PERDIGUIER, avocat.

COMITÉ DE DÉFENSE

DES

ENFANTS TRADUITS EN JUSTICE

MARSEILLE

———⊰⊱———

RAPPORT

SUR LA QUESTION :

Les Tribunaux français peuvent-ils légalement appliquer la déchéance de la puissance paternelle aux parents étrangers ?

PAR

ARMAND BÉDARRIDE

AVOCAT

————✦————

A la Séance du 4 Mars 1895

Au Palais de Justice de Marseille

Sous la présidence de Mᵉ VIDAL NAQUET

AVOCAT, PRÉSIDENT DU COMITÉ

————◆————

MARSEILLE

IMPRIMERIE GÉNÉRALE ACHARD ET Cⁱᵉ

Rue Chevalier-Roze, 3 et 5

———

1895

COMITÉ DE DÉFENSE

DES ENFANTS TRADUITS EN JUSTICE

——— ✂ ———

RAPPORT

SUR LA QUESTION : Les Tribunaux français peuvent-ils légalement
appliquer la déchéance de la puissance paternelle aux parents
étrangers ?

PAR Armand Bédarride, Avocat

〜〜〜〜〜〜〜

*A la Séance du 4 Mars 1895, au Palais de Justice
de Marseille.*

Sous la présidence de M⁰ **VIDAL NAQUET**, avocat, Président du Comité

——————— ✂ ———————

Exposé du Sujet

La loi du 24 juillet 1889, établissant la déchéance de la
puissance paternelle, peut-elle être appliquée aux étrangers
par les tribunaux français ?

Pour résoudre cette grave et délicate question, il est
nécessaire d'examiner ce qu'est la puissance paternelle dans
notre législation et d'après le droit moderne ; ensuite, de
déterminer quelle est la nature juridique de la loi nouvelle ;
enfin, de préciser les rapports que l'on peut trouver dans la
comparaison de cette loi avec les lois déjà existantes.

En même temps que nous procèderons à cette revue
théorique, nous chercherons à documenter nos recherches
et nos appréciations par des exemples tirés de la jurisprudence, ainsi que des textes légaux français ou étrangers.

Nous verrons ainsi, par une double méthode, à la fois
inductive et déductive, quelle conclusion nous pourrons
donner au sujet qui nous occupe.

Législation de l'Ancien Régime

Dans la législation de l'ancien régime, l'autorité du père sur ses enfants et sur leur bien, était régie par deux systèmes.

Dans les pays de droit écrit, sous l'influence des vieux errements du droit romain, le but poursuivi était le droit du père de famille, et la prééminence de sa puissance sur toutes les personnes et toutes les choses qui l'entourent dans le cercle de la famille.

Certes, ce n'était plus le sauvage *pater familias* des temps antiques, possédant le droit de vie et de mort, absorbant toute personnalité civile autour de lui : la doctrine absolue des personnes « sui juris » et « alieni juris », s'était modifiée en vieillissant, d'ailleurs transformée déjà par les Institutes et les commentateurs, ensuite, et surtout, par les besoins nouveaux de la vie nationale. Mais il en restait quelque chose d'approchant, au moins quant à l'esprit et à la direction générale.

Dans les pays de droit coutumier, au contraire, sous l'influence des vieilles traditions franques ou germaniques, peut-être aussi avec quelque survivance profonde et obscure des idées gauloises, la femme et les enfants étaient plus favorablement traités ; moins étouffées, moins étreintes par d'anciens textes, les populations de ces provinces avaient pu faire évoluer leurs formes juridiques avec plus d'élasticité.

L'origine historique était ici le vieux « mundium », à la fois plus libéral et plus viril. La puissance paternelle n'était donc plus seulement basée sur l'intérêt du père, mais aussi sur ses devoirs, qui le restreignaient et le limitaient ; et même, au milieu des institutions féodales, on sentait croître un sentiment plus humain.

Le droit de l'enfant, à travers ces multiples tendances, naissait et voyait se coordonner sa théorie sous une forme rudimentaire ; et, dans le mouvement gigantesque des idées philosophiques, sociales, économiques et juridiques, remuées à pleines mains par le XVIII* siècle, le problème du droit des faibles dans la famille, de la protection de la femme et de l'enfant, venait peu à peu se poser nettement dans une formule de liberté.

Législation Intermédiaire

Faire disparaître les droits d'aînesse et de masculinité, les substitutions et les majorats ; effacer les souvenirs du droit romain mort depuis des siècles, théorie de la monarchie du père ; faire disparaître les derniers vestiges de cette féodalité qui n'existait plus que dans les faits historiques et dont survivait un décor chancelant, voilà l'œuvre entreprise et réalisée par les décrets du 28 mars et du 21 septembre 1792.

Mais la reconstruction de la législation civile, fut plus embarrassante ; on vécut, pendant plusieurs années, de pièces et de morceaux de lois et de coutumes passées, confuses et mal coordonnées ; certes, le travail de codification n'est pas sans danger, surtout s'il est prématuré ; il fut tenté, mais non accompli, par la Convention et le Directoire, dont les projets ne virent pas le jour, quoique savamment élaborés.

Dans cette période héroïque et troublée qui porte dans l'histoire du droit le nom modeste d'*Intermédiaire,* nous ne trouvons donc pas, au point de vue des lois de famille, quelque chose de définitif et de fixé, qui soit proportionné aux destructions et aux créations qui marquent une date sur bien d'autres terrains. Chose facile à concevoir, car une révolution peut bien renverser un gouvernement et jeter un régime à bas, placer les fondements d'un régime nouveau ; mais le travail législatif et juridique dans les lois privées est plus long et plus ardu, il demande de la science, de la patience et des années ; il accompagne la lente transformation de la société humaine, il ne peut ni la précéder, ni la contraindre.

Nous ne mentionnerons donc que pour mémoire, les dispositions contenues dans le Code de Brumaire an II et lès quelques textes de protection des enfants en bas âge promulgués pendant cette période.

Code Civil

Le monument juridique qui s'appelle le Code civil marqua le commencement de ce siècle.

Sans en faire l'étude et la critique, nous devons constater qu'il reçut au point de vue de l'esprit du droit, le contre-coup de la période régressive qui fut contemporaine de son élaboration.

Par antipathie pour les « idéologues », Napoléon, soldat et non juriste, s'efforça d'empêcher toute théorie juridique claire et précise de se produire : il rêvait un code bourré de règles d'espèces, impératif comme la discipline mili-taire ; les « romanistes » et les « coutumiers » qu'il mit aux prises dans la commission, ne purent donc dégager des principes et une doctrine qui auraient pu naître, tran-saction savante, entre leurs divergences ; ils en furent réduits, et les autres corps légiférant avec eux, à un système empirique et mixte, dans lequel les définitions manquent, où le droit de l'enfant reste dans l'ombre, quoique consacré par certains articles, et où le droit social apparaît faible-ment.

Le Code civil est très succinct dans les indications qu'il donne sur la puissance paternelle ; il n'en indique ni la nature, ni l'essence juridique : il se contente, dans ses ar-ticles 371 et 372, de déclarer que l'enfant doit à tout âge, honneur et respect à ses père et mère et qu'il reste jusqu'à sa majorité ou son émancipation sous leur autorité ; ce qu'est cette autorité, il ne le dit pas.

En l'absence de toute définition, il faut se reporter aux différentes dispositions organisant la puissance paternelle.

Etude de la puissance paternelle d'après le Code civil

Elle comprend, dans un sens étroit, le droit de garde (art. 374), le droit de correction (art. 375 et sq), le peu justifiable droit de jouissance légale (art. 384 et sq), le droit d'administration légale (art. 389), le droit de choisir un tuteur testamentaire (art. 397) ; dans un sens plus large, le droit de consentement ou de conseil pour le mariage (art. 148, 153), pour l'adoption (art. 346), pour la tutelle officieuse de l'enfant (art. 361), vestige de l'antique mancipatio ; le droit de tutelle légale (art. 390, 402 et 404), le droit d'émancipation (art. 477), enfin le droit d'accepter des donations entre vifs faites à l'enfant (art. 935).

Sans entrer dans une discussion approfondie qui sortirait du cadre de la présente étude, il nous est permis de faire une observation générale : c'est que ces articles du Code établissent déjà des restrictions et des limitations de la puissance paternelle, puisqu'ils en constituent la réglementation.

La jurisprudence et le Code pénal viennent encore éclaircir la question : voyons les renseignements que l'on peut recueillir dans ce double examen.

Les Cours et Tribunaux depuis le commencement du siècle, sans prononcer une déchéance de la puissance paternelle qui n'était pas autorisée par la loi, en ont opéré dans certains cas de véritables démembrements ; en l'absence de tout texte formel, s'il est établi (Cour de cassation, 3 mars 1856, 27 janvier 1879, etc.) que la puissance paternelle est au-dessus des décisions de justice, certains arrêts ont confié le droit de garde à une tierce personne (Paris, 10 juillet 1855, et arrêts précités), allant même jusqu'à toucher aux conséquences de l'émancipation (4 avril 1865, Cassation) ; ils ont ordonné qu'un mineur séjournerait temporairement chez ses grands-parents, même contre la volonté de son père (Paris, 14 août 1869, Lyon, 27 mars 1886), que le droit d'administration pourrait, en cas d'abus, être enlevé aux parents (Le Puy, 10 décembre 1869, Montpellier, 25 août 1864).

On rencontrait rarement des décisions déclarant la puissance paternelle d'ordre public ; et pour le côté spécial qui nous occupe, une certaine hésitation se manifestait.

Si l'on trouvait des décisions comme celles du Tribunal civil de Bruxelles (10 décembre 1887, journal Clunet 1889, p. 717), ou de la Cour de Douai (22 décembre 1885), déclarant que la garde de l'enfant se rattache au statut personnel, certains auteurs comme Weiss, Droit international, p. 749, Durand, id., p. 352, soutenant que le père ne pourrait pas exercer le droit de correction en France si sa législation nationale ne l'y autorise pas, on voyait aussi la Cour de Paris (11 janvier 1859) établir nettement que les Tribunaux français ne peuvent prendre que des mesures provisoires. On ne peut se dissimuler que ces mesures provisoires sont déjà une dérogation au principe de la personnalité des lois régissant cette matière ; dans les cas d'urgence qu'il s'agisse de la protection de l'enfance ou de la défense de l'épouse ou de ses biens, le point de vue est le même : admises en France par la jurisprudence, elles l'étaient dans la loi par la législation autrichienne (9 août 1854), dans le Code prussien (5 juillet 1875), dans la loi hongroise (1877).

D'autre part, certains auteurs, comme Weiss (p. 747), Rougelot de Lioncourt (p. 254), n'admettaient pas que le père pût exercer le droit de correction dans un pays où la loi territoriale ne l'admet pas, pour l'emprisonnement, par exemple ; ce qui se comprend facilement.

Des maîtres illustres, Demolambe, tome VI, n° 37, Laurent, Droit civil, tome IV, n° 272, se sont prononcés dans un sens assez extensif, tous deux ont pensé que la garde de l'enfant, dans certaines circonstances, pouvait être enlevée aux parents ; et, pour ne prendre qu'un exemple à l'étranger, sous le régime du code neuchatelois, dont les articles 271 et sq. sont analogues aux articles 371 et sq. du Code napoléon, l'application s'est faite dans le même sens.

D'ailleurs, certains jurisconsultes étrangers, M. Cohn, par exemple, traducteur allemand du traité de droit international du professeur néerlandais Asser, ont déclaré formellement que dans les pays régis par le code napoléon, la puissance paternelle dépend de la législation territoriale.

Rapprochements avec la tutelle légale

Les dispositions concernant la tutelle légale peuvent aussi nous fournir des éléments pour éclairer la question. Cette institution n'est, à tout prendre, qu'une modalité de la puissance paternelle ; l'art. 373 du Code civil indique en effet que le père seul exerce cette autorité pendant le mariage ; qu'un des époux meure, les pouvoirs du survivant, pour changer de nom, n'en conservent pas moins leur nature et leur essence.

Or, en ce qui concerne la tutelle ordinaire, que dit l'art. 444 du Code civil ? « Sont exclus de la tutelle, et même destituables, s'ils sont en exercice, 1° les gens d'une inconduite notoire ; 2° ceux dont la gestion attesterait l'incapacité ou l'infidélité. »

Par une assimilation que permettait la forme générale du texte, la loi a été déclarée applicable aux tutelles légales prévues par les articles 390, 402 et 403 du Code civil ; c'est ainsi que nous rencontrons un arrêt de la cour de cassation du 15 mars 1864, déclarant la mère destituable pour inconduite notoire ; des arrêts de la cour de Nîmes, 27 mai 1885, de Douai (27 février 1888), excluant le père pour cause d'ivrognerie ; un jugement du Tribunal civil de Lyon (27 janvier 1888), et d'autres qu'il est superflu de citer, s'appliquant à tous les tuteurs légaux et même au père survivant.

La puissance Paternelle et le Code pénal

De son côté, le droit pénal mérite d'être examiné.
L'art. 335 du Code pénal prive les parents de leurs droits

sur les enfants qu'ils ont excité à la débauche. En vain objecterait-on que cette déchéance n'est que partielle, et ne s'applique qu'au profit de l'enfant qui a été victime de cette ignoble exploitation : au point de vue théorique et doctrinal la portée de cette disposition reste la même.

Mais voici un élément de plus, à la faveur de l'assimilation qui s'est peu à peu établie entre la puissance paternelle et la tutelle :

Les art. 34 et 42 du Code pénal mentionnent l'incapacité de faire partie d'un conseil de famille, d'être tuteur ou curateur, si ce n'est de ses propres enfants, et dans ce cas spécial, de l'avis du conseil de famille, restriction grave et importante ; ils font figurer ces peines à côté des privations des droits politiques et civiques, c'est-à-dire de ceux qui n'appartiennent qu'aux membres de la cité.

C'est, dans l'esprit du législateur une déchéance qui ne peut s'appliquer régulièrement et *ad futurum* aux étrangers, d'abord parce que, pour le Code civil, les étrangers ne jouissent pas de plein droit des facultés de pur *jus civile*, que la tutelle et même la tutelle légale, ne sont pas de droit naturel, mais en dehors de tous traités, une faveur et un acte de bienveillance ; ensuite parce que les déchéances de ce genre ne peuvent frapper que sur le territoire français et deviennent caduques aussitôt que le délinquant passe la frontière.

Aussi, le Code pénal, précisant le sens de sa mesure, dans son art. 35, ajoute : « Si le coupable est un étranger ou un français ayant perdu la qualité de français, ces déchéances sont remplacées par l'emprisonnement ».

Peu importe l'objection que l'on peut faire : que si le législateur fait cette distinction, c'est parce qu'il ne croit pas avoir le droit de frapper l'étranger dans un pouvoir juridique qui dépend de son statut personnel ; cela serait exact, que l'exposé fait en ce moment ne serait en rien modifié dans le résultat de ses constatations ; ce sont purement et simplement les premiers liens qui viennent enserrer et maintenir les institutions familiales, et qui, joints aux autres qui ont été ajoutés postérieurement, prendront un sens précis, déterminé, et non susceptible d'équivoque.

Du système mixte du Code civil, œuvre pourtant méritoire et précieuse pour son temps, les institutions civiles en sont arrivées, à travers des modifications incessantes, à une situation toute nouvelle; là plus de *pater familias* régentant femmes et enfants dans son intérêt propre incarnant celui de la famille; c'est le père investi par la loi, organe de l'intérêt général et de la solidarité sociale, de la charge de diriger et de protéger ceux d'entre les siens que leur âge, leur incapacité juridique et les nécessités de la vie pratique mettent dans l'imposibilité de se conduire eux-mêmes ou d'administrer leurs biens.

Sous la pression des idées nouvelles, généreusement éprises de justice et d'humanité, et déterminées par l'irrésistible expansion des forces économiques, la vieille puissance paternelle, apanage du chef de famille et dépendant de son statut personnel, a été profondément atteinte; les philosophes, les publicistes et les jurisconsultes du XIX⁰ siècle, bientôt suivis par les législateurs, posèrent, la base du Code Napoléon étant acquise, le problème du droit de l'enfant sanctionné et garanti par le droit de la société.

Nous allons voir comment on s'est efforcé de le résoudre.

Modifications à la puissance Paternelle par les Lois postérieures aux Codes

Les lois civiles, techniques ou pénales mises en vigueur depuis les Codes de l'Empire sont venues marquer énergiquement les traits du tableau de la décadence des vieux pouvoirs du père, et de leur passage dans un ordre de choses tout nouveau.

Il faut appeler l'attention, à titre préliminaire sur divers textes contemporains de la période du Code civil et se rattachant à la question ; c'est d'abord le décret du 3 janvier 1803, défendant de laisser descendre dans les mines les enfants au-dessous de 10 ans, mesure protectrice et humaine, mais déjà restrictive, et indiquer à titre de souvenir, la loi du 15 pluviose an XI et le décret du 19 novembre 1811, qui se rattachent à la question.

C'est une atteinte légère dans la loi du 22 mars 1841 sur le travail des enfants employés dans l'industrie, qui réglemente le contrat de travail, fixe des conditions, des règles, des limites, et soustrait en réalité l'apprentissage des enfants à la volonté arbitraire de leurs parents, pour le placer sous le régime des lois et des règlements d'administration publique ; c'est avec la sauvegarde de l'hygiène et de la santé de l'enfant, l'obligation scolaire jusqu'à douze ans, pour les enfants placés dans les manufactures, ateliers ou mines.

Puis, c'est la loi du 5 août 1850, sur l'éducation et le patronage des jeunes détenus, faite en vue d'aider à leur relèvement moral et à leur retour dans le droit chemin, en les plaçant dans des établissements d'éducation pénitentiaires, soit publics, soit privés ; ce sont les enfants acquittés pour manque de discernement, mais non rendus à leurs parents, échappant à une direction parfois vicieuse, souvent impuissante, quoique donnée par la nature, et passant sous la tutelle des plus dignes, choisis et autorisés par la loi.

C'est la loi du 22 février 1851, prenant corps à corps le contrat d'apprentissage, établissant aussi des restrictions légales à la liberté des contrats en la personne des parents, pour protéger l'enfance.

Alors s'ouvre un vaste champ à l'activité bienfaisante des hommes de bonne volonté qui, à côté des fonctionnaires zélés et consciencieux, mais trop paralysés par le caractère centralisateur, uniforme, officiel, froidement symétrique de l'administration française, viennent, sous une forme religieuse ou laïque, mais toujours bienfaisante, créer le ciment moral sous lequel les individus sont une poussière impuissante et désagrégée en face des pouvoirs publics, trop faibles s'ils sont rapprochés, trop éloignés quand ils sont forts. Il est regrettable que les œuvres de ce genre ne soient pas encore plus nombreuses.

Nouvelle force sociale, l'association, sous la forme du patronage de l'éducation des secours à donner aux petits, aux faibles, aux souffrants, vient, plus plastique, plus malléable, plus souple que l'administration, assumer avec elle la charge des petits déshérités de la société pour lesquels, comme devait le dire plus tard M. Guillot : « Les pires ennemis sont leurs parents ! »

Lois sur le travail des enfants

Après plus de vingt ans de silence, la législation fait encore entendre sa grande voix : la loi du 19 mai 1874 sur le travail des enfants dans l'industrie, vient reprendre, en la perfectionnant, la tendance de la loi de 1841. Elle interdit des travaux dangereux, pénibles ou trop prolongés ; fixe les âges au-dessous desquels les travaux d'ateliers ou d'usines sont interdits ; prescrit certaines mesures de précaution et de durée pour les travaux permis ; elle règlemente l'hygiène et la police du travail, et s'efforce d'assurer l'instruction des apprentis des deux sexes. Elle crée même tout un système plus ou moins efficace de contrôle et de surveillance ; elle crée des pénalités contre les patrons contrevenants, et si elle n'en édicte pas contre les parents, il n'est pas moins évident qu'elle les prive d'une partie de leur puissance, dans le sens vulgaire du mot.

D'une nature spéciale, et relevant uniquement de la législation pénale, la loi du 7 décembre 1874, établit la déchéance à l'égard des parents qui auraient livré leurs enfants âgés de moins de 16 ans à des entrepreneurs de mendicité ou à des individus exerçant une profession ambulante, ou qui eux-mêmes auraient fait mendier leurs enfants âgés de moins de 12 ans. En vue d'empêcher les spéculations honteuses du vice ou les défaillances de la misère, hélas ! trop souvent imméritée, cette loi fait une

réponse non équivoque à l'antique et célèbre question :
« *Quis custodes custodiet ?* » Cette déchéance est facultative,
mais on peut trouver l'intention qui l'a fait établir dans
l'exposé des motifs de la proposition de M. Roussel,
sénateur, dans le titre de la loi : « Protection des enfants »,
comme dans les diverses appréciations qui remplissent
les rapports ou les discussions législatives qui ont eu lieu
à ce sujet. Cette loi a été suivie d'une série de décrets et
de règlements qui en précisent le sens.

La loi du 23 décembre 1874, relative à la protection des
enfants en bas âge, et notamment des nourrissons, si hum-
ble, si modeste qu'elle paraisse, vient aussi apporter sa
pierre à l'édifice de la limitation des pouvoirs des parents ;
elle impose des déclarations, des conditions, pour la mise
en nourrice des enfants, elle va même, ce qui est d'ailleurs
très juste, jusqu'à interdire à une femme de nourrir un
enfant si elle ne prouve préalablement qu'elle assure d'une
façon quelconque, mais satisfaisante, l'allaitement de sa
propre progéniture.

Loi sur l'Instruction obligatoire

Plus récemment encore, une loi célèbre, qui a passionné
l'opinion publique, est venue contribuer fortement à la
transformation de la puissance paternelle : c'est la loi du
20 mars 1882, sur l'instruction obligatoire.

Coup formidable porté à la puissance paternelle considérée comme entité, comme droit supérieur et préétabli,
comme prérogative résidant dans les parents et leur subor-
donnant leurs enfants ; cette loi a nettement développé et
consolidé dans notre législation ce principe fondamental,
que les droits des parents n'existent que dans l'intérêt de
l'enfant et pour son bien ; que la société a donc le droit
d'intervenir, d'imposer sa volonté et son autorité impérative quand le chef de la famille, par caprice, par égoïsme,
par ignorance, par routine ou par intérêt mal entendu,

refuse le pain de l'esprit, aussi nécessaire à l'homme que le pain du corps.

Au moment de l'histoire où nous sommes placés dans ce rapide examen, la puissance paternelle était donc irrévocable et inaliénable chez le père, mais considérablement réduite, subordonnée à la protection de l'enfant, dont l'instruction, l'éducation, le travail, l'hygiène étaient hautement sauvegardés, au moins en théorie, par la tutelle sociale.

Que sont en effet les sociétés philanthropiques, les œuvres humanitaires, reconnues d'utilité publique, et par conséquent investies de certains droits, de certaines prérogatives ; les commissions scolaires chargées de réprimander et de censurer les parents rebelles à l'obligation scolaire, les juges de paix les condamnant ; que sont les commissions de surveillance du travail des enfants, les commissions de patronage des apprentis, quelque platonique que soit leur rôle ; que sont toutes ces institutions, sinon à côté de l'Etat des pouvoirs publics, des administrations générales ou locales, des branches et des fractions de l'autorité sociale assurant la protection des enfants contre leurs parents coupables ou égarés ? Que sont-elles sinon, à des titres divers, mais avec autant de légitimité, des organes de la solidarité sociale ?

Loi établissant la déchéance

Il restait un pas à faire, la loi du 24 juillet 1889, celle qui fait l'objet de cette étude, le franchit sans hésitation.

Elle a définitivement fixé et profondément établi le changement complet et radical de la théorie et de la pratique qui, depuis l'ancien régime, s'est dessiné d'abord dans de vagues linéaments, puis précisé par des traits plus nets dans le Code, les lois postérieures, la doctrine et la jurisprudence.

« Ne faut-il pas, disait M. Ch. Roussel, dans son rapport au Sénat, des bases plus exactement déterminées pour organiser devant les Tribunaux la protection des enfants maltraités ou abandonnés des classes indigentes ! »

C'est que le centre de gravité de la législation de la famille s'est déplacé ; il ne réside plus dans l'autorité des parents, pourtant naturelle et rationnelle ; il est allé se fixer dans la cause philosophique de cette autorité : le droit de l'enfant ! le droit de ce pauvre être qui n'a pas demandé à voir le jour, qui, par l'acte de ceux qui l'ont engendré, a été jeté, chétif, sans armes et sans forces, au milieu des épreuves et des vicissitudes de la grande bataille humaine ; le droit à la conservation et au développement pour les générations nouvelles, qui contiennent en elles le résumé du passé et le germe de l'avenir.

La loi du 24 juillet 1889, de la République Française, est beaucoup moins sévère que celle en vigueur depuis le 26 août de la même année, dans la monarchique Angleterre.

De l'autre côté de la Manche, en effet, toute personne est autorisée à s'adresser à la justice pour demander qu'un enfant soit enlevé à la garde de celui qui, père ou tuteur, a abusé ou mésusé de ses droits; des peines très sévères sont édictées contre les gens coupables des délits contre l'enfance.

Exposé de la loi du 24 juillet 1889

En France, la loi, tout en étant moins rigoureuse, n'en possède pas moins au point de vue doctrinal, une portée considérable.

Elle établit la déchéance de la puissance paternelle, mais elle n'interdit pas explicitement aux Tribunaux d'en opérer des démembrements. Elle les admet même dans son texte, puisqu'elle organise, à côté de la déchéance complète, le dessaisissement du droit de garde, avec réserve d'une partie des autres droits, ou le transfert du droit de garde et d'éducation à une personne charitable, à une société philanthropique, ou à l'Assistance Publique.

Ainsi donc, voici la puissance paternelle transformée en droit révocable.

1° Tantôt obligatoirement et de plein droit, quand les parents sont condamnés soit comme auteurs, co-auteurs ou complices d'un crime commis contre l'enfant, ou d'un délit de même essence, s'il y a récidive, soit pour excitation de mineurs, quand c'est l'enfant du coupable qui est victime, ou, en cas de récidive, s'il s'agit d'un tiers étranger.

2° Tantôt à titre facultatif, quand les parents ont été condamnés à un titre quelconque, comme coupables d'un crime non politique ; en cas de récidive pour vagabondage, séquestration, suppression, exposition ou abandon d'enfant, pour ivresse, ou en cas d'une seule condamnation pour excitation à la débauche sur la personne d'un tiers étranger.

Cela revient à dire que la justice enlève le pouvoir paternel aux parents qui, à la suite de certaines infractions, sont présumés être trop gangrenés moralement pour être dignes et capables de remplir leur tâche.

Mais, poursuivons : les parents peuvent encourir la déchéance pour une simple négligence, puisque les Tribunaux peuvent la prononcer quand l'enfant a été acquitté comme ayant agi sans discernement, et mis dans une maison de correction ; ici, la Société dit aux parents : « Vous n'êtes ni des criminels ni des malfaiteurs, c'est vrai, mais vous n'avez pas su remplir votre mission d'éducateurs, vous n'avez pas su élever vos enfants : je vous lès prends... »

Enfin la même déchéance peut être infligée aux parents qui par leur ivrognerie habituelle, leur inconduite notoire et scandaleuse, ou par de mauvais traitements, compromettent la santé, la sécurité ou la moralité de leurs enfants. C'est toujours la société qui, tutrice des tuteurs, brise leur frêle puissance, en dehors de tout crime, de tout délit, de toute infraction soit des parents, soit des enfants contre la loi écrite, et va jusqu'à mettre à la place de la famille naturelle une famille légale ou les pouvoirs publics.

Nous atteignons ici dans la loi les plus hauts sommets où l'Ethique se confond avec l'ordre public et social : il faut éviter les mauvais enseignements, la funeste contagion de l'exemple, et préparer pour la Patrie et pour l'Humanité

des êtres sains, forts et honnêtes. La puissance paternelle n'est qu'un moyen présumé efficace pour arriver à ce but ; si elle y faillit, tout est prêt pour l'écarter et accomplir la tâche.

De ce chef, les déchéances et mesures restrictives contenues dans la loi du 24 juillet 1889 viennent s'ajouter à celles des art. 34 et 42 du Code pénal, et aux nombreuses lois que nous avons énumérées dans cette étude, pour former un faisceau solide et compact, pour consommer l'assimilation de la puissance paternelle à la tutelle ; la forme de procédure ou les mesures spéciales, la diversité des juridictions saisies, cour d'assises, tribunal correctionnel, tribunal civil, chambre du conseil, cela n'a aucune importance au point de vue de la philosophie du droit.

Législation Etrangère

Ce n'est pas seulement la France et l'Angleterre qui ont légiféré sur ce point ; ce sont tous les pays civilisés, ceux que l'on aurait appelé jadis la Chrétienté, qui ont suivi ce mouvement irrésistible qui pousse tous les peuples à faire sortir la législation de famille du pur droit privé, pour la faire entrer dans le droit public de l'Etat.

L'Italie, dans les articles 220 et sq. du Code civil du 25 juin 1865 ; l'Espagne, dans le Code civil du 24 juillet 1889, la Pologne, qui vit sous le régime du Code Napoléon modifié par la loi du 13 juin 1825 ; la Hollande, dont le Code civil de 1823, dans ses articles 335, 357 à 360, etc., a été encore aggravé par les lois du 19 septembre 1874 et du 5 juin 1889, sur le travail des enfants, ont dirigé leur législation dans le même sens.

Le Portugal, un peu retardataire et incomplet dans son Code civil et son Code pénal de 1886 ; la Russie, avec certains textes légaux et une jurisprudence très fournie, proclament le droit pour les tribunaux de prononcer la déchéance de la puissance paternelle. Et si la Belgique, notre sœur par la langue et la législation civile, en est encore, avec toute une série de mesures très sages pour la protection des enfants et des adolescents, en est encore à attendre comme couronnement une loi du genre de la nôtre, il y a lieu de croire que dans un bref délai, chez cette nation où la concurrence et l'émulation des luttes de partis tournent tous les esprits vers l'étude des questions sociales, le projet actuellement à l'étude sera adopté dans son principe.

La Confédération Helvétique, dans ses 22 cantons, a partout adopté une législation protectrice de l'enfance : « Presque partout, dit le savant jurisconsulte M. Lehr, le père a moins une puissance paternelle, qu'un droit de tutelle ! » Citons spécialement le Canton de Vaud (loi du 24 août 1888) et celui de Neufchâtel (loi du 23 mars 1889) qui possèdent sur l'assistance des pauvres et l'éducation des enfants malheureux ou abandonnés, une législation des plus remarquables. Ajoutons que dans presque tous les cantons fonctionnent des comités spéciaux de *tutelle* dont les attributions se devinent sans qu'il soit besoin de les détailler.

L'Autriche, dans son Code de 1811 complété par la loi de 1875, la Hongrie, dans la loi XX de 1877, ont suivi ces exemples. La Norwège, imitée par le Danemark, a établi un contrôle administratif exercé par des comités de notables et de pasteurs, par les lois du 12 Juillet 1848 et du 6 Juin 1863.

Mais l'Angleterre et les Etats-Unis, avec l'esprit libéral et pratique qui caractérise les races anglo-saxonnes, ont notablement contribué dans le passé et dans le présent, à l'évolution de cette branche de la science juridique : dans ces contrées est établie la consécration légale des contrats de placement passés entre les parents et les associations charitables ; on y voit fleurir l'éducation préventive et le régime de l'envoi des enfants dans les écoles industrielles ; conformément aux vieilles traditions locales, chaque citoyen peut exercer l'action publique et déférer les enfants ou les parents devant les Tribunaux compétents, et l'on peut y rencontrer, chose étonnante pour des yeux français, les agents des œuvres de bienfaisance « ramassant » les enfants vagabonds ou mendiants dans les rues pour les conduire devant le Juge de Paix qui, au nom de la Société — et de son organe l'Etat, — les confie à de braves gens ou à des institutions dignes de tons éloges.

Remarque curieuse : sur cette bonne terre de France, où tout le monde fronde les pouvoirs établis et refait la constitution entre la poire et le fromage, on a donné aux membres de la société protectrice des animaux le droit de requérir la police pour faire appliquer la loi Grammont ; on n'a pas osé protéger les enfants comme les chiens et les chevaux : c'eût été probablement trop subversif.

Quoiqu'il en soit, le Royaume-Uni de Grande Bretagne et d'Irlande a sa loi du 26 août 1889 qui régit la matière. La grande République américaine a depuis longtemps, dans ses différents Etats, des textes de ce genre en vigueur. La législation de l'Etat de New-York, du 12 avril 1853, celle de l'Etat de Massachussets, de 1869, peuvent être données en exemples : on n'y attend pas que l'enfant soit coupable pour prendre des mesures parfois trop tardives.

C'est que sur ces *terres classiques de la liberté individuelle et de l'initiative privée*, les associations naissent et croissent, fortes et vivaces, les administrations locales et techniques se développent chacune dans sa sphère, par une lente filiation d'institutions et de formes juridiques successives, produites par l'Histoire et non par l'abstraction, et qu'ainsi la tutelle de la société, le droit social, peuvent se donner libre carrière sans que l'on ait à craindre de voir écraser l'homme isolé par l'Etat omnipotent.

Plus doctrinaire et plus réglementaire à la fois, l'Allemagne, prise entre le droit romain et les coutumes, a de tous temps restreint la puissance paternelle, dans ses lois et sa jurisprudence.

Le Code pénal de l'Allemagne du Nord, devenu le 6 mai 1871 celui de l'Empire tout entier, régit cette partie de la législation, très bien organisée notamment en Prusse

(Code Provincial Général), complété par l'ordonnance du 5 juillet 1875 et la loi du 13 mars 1878, établissant les déchéances, le contrôle et la tutelle.

C'est à l'Allemagne moderne que revient l'honneur d'avoir, dans l'art. 1501 du projet de Code civil actuellement en voie d'achèvement, défini la puissance paternelle : « Un pouvoir dérivé du besoin naturel de protection de l'enfant ! »

Cette définition, la civilisation contemporaine peut l'adopter comme sienne.

Arguments de Jurisprudence

Les interprétations du pouvoir exécutif et de la jurisprudence en France, ont aussi leur importance, pour donner des traces de cet « esprit nouveau. »

S'il est permis de citer une décision de simple police dans une discussion de ce genre, donnons les principaux motifs d'un jugement rendu dans le canton de Resson sur Metz (Oise), à la date du 13 juillet 1883, sur la question de l'obligation scolaire :

« Tout Etat a le droit de veiller à sa conservation, et de prendre toutes les mesures nécessaires pour atteindre ce but ; il peut donc imposer aux parents, même étrangers, qui lui demandent l'hospitalité, ce qu'il juge indispensable ou utile au développement de l'intelligence et de la moralité des enfants ; il n'est pas possible de nier que la loi sur l'instruction primaire obligatoire n'ait une grande affinité avec les lois de police et de sûreté..... »

Le Tribunal Fédéral Helvétique, sur une espèce analogue, a rendu une décision du 11 avril 1891 (*Journal des Tribunaux*, p. 321, et *Semaine Judiciaire*, 1891, p. 257) dont voici la substance :

« Est dépourvu de tout fondement le grief d'une prétendue violation de l'art. 3 du traité d'établissement entre la Suisse et la Grande-Bretagne du 6 septembre 1855, contre une décision suisse ayant restreint partiellement la puissance paternelle entre des époux de nationalité anglaise établis en Suisse. »

La loi de 1874 sur le travail des enfants dans l'industrie a donné lieu à des espèces du même genre : citons notamment l'arrêt de la cour d'Aix du 7 février 1884 déclarant que cette loi s'applique aussi bien aux patrons étrangers qu'aux apprentis étrangers.

D'ailleurs la chose est déclarée expressément dans un décret de 1892 ; de plus, la loi du 2 novembre 1892, bientôt suivie par le règlement d'administration du 13 mai 1893 et le décret du 15 juillet 1893, est venue compléter et étendre les textes légaux concernant la protection des enfants, jeunes filles et femmes dans l'industrie.

Ajoutons d'ailleurs pour être exact et complet que l'application de ces lois de protection de l'enfance est faite d'une manière très imparfaite, ainsi que l'avoue un rapport adressé en novembre 1893 au Ministère du Commerce et de l'Industrie par la direction compétente ; tant est forte la routine.

Mais cela ne touche en rien aux principes juridiques et rentre purement dans le ressort de l'administration.

Ces documents donnent une nouvelle preuve de la modification de la direction juridique passée : jadis les mesures partielles ou provisoires étaient seules admises ; maintenant ce sont les mesures définitives, complètes, la déchéance, la disposition coercitive, toutes ces lois même purement seules se rattachant à l'ordre public de l'Etat, et ayant une réelle parenté avec les lois pénales.

Examen Théorique

De l'examen historique qui précède, il nous paraît résulter que les lois concernant la puissance paternelle sont passées dans le droit public ; qu'elles font partie des mesures de police et de sûreté qui obligent les étrangers comme les Français, et qu'elles mériteraient le nom générique de lois pour la protection de l'enfance, dont les pouvoirs des parents ne seraient qu'un instrument et un organe.

Les lois de police et de sûreté générale

Voyons maintenant si nous trouverons les mêmes éléments et les mêmes conclusions en examinant les caractères extrinsèques de la loi du 24 juillet 1889 et des autres lois connexes, à la lumière des principes et des notions du droit.

Les définitions que les auteurs les plus sérieux, les juriconsultes les plus éminents, donnent sur les lois de police et de sûreté générale, régissant tous les habitants du territoire, qu'ils soient français ou étrangers, s'appliquent-elles aux lois régissant actuellement les droits du père de famille et les déchéances ou les restrictions qui peuvent lui être infligées ?

Dans la négative, il est admissible que notre induction historique et notre généralisation juridique sont douteuses et ne présentent pas un caractère suffisamment probant au point de vue légal.

Dans l'affirmative, au contraire, nous obtenons la démonstration déductive du principe que nous avons établi par l'étude critique des lois existantes et de la jurisprudence.

Le Code civil, dans son article 3, contient une lacune qui lui est habituelle, c'est de parler des choses sans expliquer ce qu'elles sont ; il indique bien que les lois de police et de sûreté s'appliquent à tout le monde.

Mais à quel critérium certain reconnaît-on ces lois ? Le législateur a oublié de le dire, laissant ainsi aux commentateurs et aux interprètes le soin d'éclaircir ou d'embrouiller cette question par des discussions fort nombreuses.

Aubry et Rau définissent les lois de police et de sûreté toutes celles qui ont pour objet la sûreté des personnes ou des propriétés, ou le maintien du bon ordre ; peu importe quelles soient ou non sanctionnées par voie de répression pénale. Ils citent, dans ce nombre, celles qui règlent les pouvoirs du mari sur la personne de sa femme, des parents ou tuteurs sur la personne des enfants.

On comprend qu'à ce point de vue, ils citeraient certainement la loi qui nous occupe, si elle avait existé de leur temps.

D'ailleurs on peut trouver certains éclaircissements théoriques sur la question dans Demangeat, condition des étrangers, p. 311 à 314, et même dans les discussions au Conseil d'Etat lors de la confection du Code (Voir Locré, législation, ii, p. 69, n° 14).

Pasquale Fiore (Droit international codifié, p. 34), admet comme incontestable l'autorité de l'Etat (lato sensu) dans les matières de police, sûreté et ordre public.

Marcadé (Explication du Code civil, vol. i, p. 51), dit que ce sont les lois qui ont pour objet le maintien du bon ordre et de la tranquillité publique.

Il est évident que la loi de 1889, surtout en l'état de nos lois sur la famille, est une loi de maintien du bon ordre, puisqu'elle protège les mineurs contre les abus d'autorité ; et de tranquillité publique, puisqu'elle tend à leur éducation et à leur moralisation.

Laurent, dans son droit international, vol. ii et vol. viii, donne des indications qui sont précieuses à résumer. Les lois qui concernent l'ordre public, dit-il, sont *réelles* quand elles concernent un droit de la société que l'on peut appeler *public*, parce que l'intérêt public est en cause ; cette notion répond à l'essence du statut réel, tel que la tradition et les légistes anglo-américains ou allemands la comprennent, en ce sens qu'elle sauvegarde les droits de la *souveraineté*. Les lois de police et de sûreté rentrent dans cette catégorie, et comprennent non-seulement les lois pénales, mais encore les lois de l'ordre administratif (lato sensu) qui ont pour objet de garantir des droits individuels.

Dans son droit civil, vol. i, p. 168, le même auteur est tout aussi catégorique, quoique plus concis ; pour lui, les lois de police et de sûreté sont celles qui ont pour but de maintenir l'ordre social.

Mais l'ordre social, qu'est-ce autre chose que la formule générale de la législation sur l'existence et la vie collective d'une Société humaine prise comme unité ? Qu'est-ce, sinon la règle fondamentale des rapports de l'individu avec la collectivité, des droits et devoirs de chacun vis à-vis de tous, pris ensemble ou séparément, des droits et des devoirs de cette collectivité vis-à-vis de chacun de ses membres ? N'est-ce pas la norme imposée et suivie, dans ce milieu social donné comme nécessaire à sa conservation et à son développement ?

Or, la loi de 1889 est, plus que toute autre, une des assises en construction de la vie sociale : elle est un fragment de l'édifice nouveau de la famille, telle que la comprennent les idées modernes, et en réprimant, en éliminant les causes de nuisance et de trouble, elle vient sanctionner dans la législation les résultats acquis.

Demolombe, dans son cours de Code civil (Traité de la publication, de l'application et des effets des lois, p. 85 et 86), est non moins formel. Il faut citer entièrement son texte :

« Le caractère de ces lois, ou plutôt en général de ces règles obligatoires, est d'ordinaire facile à reconnaître : elles ont pour but la sûreté des personnes et des propriétés, le bon ordre, la salubrité publique ; elles répriment les crimes, les délits et les contraventions. Mais je crois, dit-il, qu'il faut aller plus loin et que notre article doit s'entendre dans un sens plus vaste, de tout ce qui concerne l'ordre public, l'intérêt public (art. 3 et 6) ; l'appréciation devient alors comme toujours dans ce cas plus délicate, mais la règle ne m'en paraît pas moins vraie ! »

Nous avons examiné la loi de 1889 au point de vue de la protection des personnes, de l'ordre public, de la police générale : est-il nécessaire de l'examiner à la lumière de la notion de l'Intérêt public ?

Quelles que puissent être les objections, quelles que puissent être les subtilités juridiques, il est impossible de ne pas voir dans la loi que nous étudions une loi d'intérêt public ; ce n'est pas seulement la garantie et la défense de chaque enfant pris isolément, qu'elle organise : C'est un système général de protection et d'hygiène sociale, de prophylaxie morale et économique, et pour employer une expression historique « un ordre moral ! »

C'est d'ailleurs dans le même esprit que la cour de Rouen déclarait (25 juillet 1861), que l'expression de « lois de police et de sûreté » s'applique à tout ce qui, dans le domaine des « droits privés », intéresse « virtuellement » les mœurs publiques, l'ordre général et la conservation sociale.

Discussion du Système

Lisons le texte de la loi ; nous verrons que par sa généralité impérative, il ne comporte pas d'exception.

En effet, dans le cas de déchéance obligatoire (art. I), comprendrait-on une *obligation* attachée à l'application d'une loi pénale, arrêtée et frappée de caducité par le statut personnel d'un étranger ? Est-ce que les lois répressives ne constituent pas ce qu'il y a de plus nécessaire, de plus strict, de plus inévitable parmi les institutions résultant de la souveraineté d'un Etat ?

Certes, cette déchéance ne pèsera sur lui que pendant qu'il séjournera sur le territoire français ; elle ne le suivra pas dans son pays d'origine, et ne le frappera sûrement pas pour l'avenir en ce qui concerne ses enfants nés ultérieurement sur le sol étranger ; mais peut-on admettre, comme le croit M. Cordier, dans une très intéressante étude parue récemment dans *Le Droit*, que de son pays, le père pourra réclamer ses enfants ?

Quoi ! l'on pourrait, contrairement à toutes les règles établies dans le Droit français, faire indirectement ce qu'on ne peut pas faire directement ?

Il suffirait à un père criminel, perverti, dégradé, de mettre la frontière entre lui et ses enfants pour que l'Etat français soit obligé de s'incliner ? N'oublions pas que la base de la législation actuelle, c'est le droit de protection de l'enfant : l'enfant resté en France, par application de la loi, par application de l'ordre public et de l'intérêt général, n'y est-il pas soumis, même quand son père est dans un autre lieu ? Le père n'est plus régi par la loi française, c'est vrai ; mais l'enfant ne peut pas ne plus l'être.

La doctrine et la jurisprudence ne permettent pas à un français d'aller se marier à l'étranger pour éluder les disposition du Code civil ; il ne s'agit pas seulement là d'une question de statut personnel ; ce serait ne voir que le petit côté : il s'agit d'abord et surtout de l'ordre public et de la moralité générale.

Est-ce qu'un étranger pourrait, en France exercer le droit de correction par une mesure autorisée par sa loi nationale, mais non prévue ou interdite par la loi française ? Est-ce qu'une famille chinoise serait admise à demander à l'autorité française de laisser exécuter une décision du tribunal familial, même avec l'assentiment du délinquant ? Est-ce qu'un turc mahométan pourrait y faire admettre la polygamie, ou une tibétaine la polyandrie, à titre légal, cela s'entend ? Est-ce qu'un malgache pourrait épouser sa sœur sur notre territoire ?

Et pour prendre un exemple plus familier et plus courant : un allemand entre en France du tabac de contrebande : on dresse procès-verbal et l'on confisque la marchandise ; il ne s'agit ici que d'une infraction fiscale : le contrevenant pourra-t-il, rentrant dans son pays, réclamer la restitution, sous prétexte que son statut personnel y est intéressé et que dans son pays, le monopole des tabacs n'existe pas ? Certainement non, et quand il s'agit d'un enfant, la solution pourrait-elle différer ?

Evidemment, il s'agit ici d'une question de souveraineté ; et dans les cas facultatifs de déchéance, il en est de même : dans le cas facultatif comme dans le cas obligatoire, les réquisitions du ministère public sont nécessaires sous des formes différentes, mais cela ne change rien à la question.

Supposez un délit commis par un père étranger dont la loi nationale n'admet pas et ne punit pas ce délit et n'établit pas d'autre part la déchéance de la puissance paternelle : le jugement condamnant ce père entraînera pour lui : 1° une condamnation principale ; 2° le paiement des

frais et peut-être une amende ; 3° par hypothèse la déchéance. Qu'il aille à l'étranger, il n'a pas d'autre moyen
de faire tomber la condamnation qu'en employant les
voies légales : comment esquiverait-il une conséquence
plutôt que les autres ?

Un enfant mendie sur l'ordre et par la volonté de son
père ; la famille s'adonne à l'ivrognerie et à l'inconduite ;
l'enfant est mis dans une maison de correction ; est-il
possible que ses parents le réclament et se le fassent re-
mettre ? Certainement non.

La déchéance est requise ; elle est prononcée ; comment
y revenir ? L'enfant, au lieu d'être mis dans une maison de
correction, est confié à un établissement d'assistance, ou à
une personne bienfaisante ; cela change la forme de la
disposition, mais non le fait juridique. Au regard de la loi
française, la puissance paternelle n'existe plus.

Prenons un autre cas : le père cède sa puissance paternelle ; il y a dessaisissement judiciaire, comme disent les
commentateurs ; le droit de ce père n'existe plus ; comment
pourrait-il revivre par un déplacement topographique de
celui qui l'a abandonné ? cela ne saurait se comprendre :
un droit éteint ne peut revivre *ad nutum* par la grâce d'un
voyage !

D'ailleurs, la meilleure preuve de la thèse que nous
soutenons, c'est le contexte même de la loi.

L'art. 21 autorise la *réhabilitation* des parents au point de
vue de la puissance paternelle ; cette sorte de restitution
in integrum doit être prononcée par une décision de justice.

Puisque la loi réglemente d'une façon précise et déter-
minée cette reprise de l'enfant par les parents, après examen de la question en chambre du conseil et jugement du
tribunal en audience publique, cela montre clairement que
la chose n'est pas possible en dehors de ces formes spéciales. Comment la volonté arbitraire du père pourrait-elle
faire ce que la loi ne permet pas explicitement, dans une
matière aussi délicate, et qui a des racines aussi profondes
dans le droit public ?

En effet, l'étranger ne peut se prévaloir de sa loi nationale quand elle est contraire à l'intérêt de l'Etat dans lequel
il se trouve. Puisqu'en France la loi considère que l'intérêt
général de la société rend nécessaire la protection des
enfants mineurs dans certaines circonstances déterminées
et énumérées en détail, l'étranger est placé sur le même
terrain et renfermé dans les mêmes limites que pour le
mariage, les successions et les autres cas touchant à l'ordre
public ou aux bonnes mœurs ; il doit s'acquitter, en France,
de l'obligation d'entretenir et d'élever ses enfants dans des
conditions telles que leur moralité, leur éducation, leur
santé et leur sécurité soient assurées (art. 203, C. c., lois
de 1874, 1882 et 1889 notamment art. 2). Cette législation
multiple et une tout à la fois s'applique rigidement à tous
ceux qui habitent le territoire français.

Les pénalités et déchéances qui en découlent doivent
donc atteindre l'étranger aussi bien que le français ; le statut personnel, vieille théorie rudimentaire, perd ici sa
force ; les lois sur l'état et la capacité des personnes, au
point de vue de la législation nationale de l'individu, existent évidemment toujours ; mais elles n'ont de valeur que
pour régler strictement l'objet auquel elles s'appliquent,
dans le pur droit privé, comme par exemple l'aptitude à
faire un acte juridique, la personne investie d'un droit ou
d'un pouvoir, le droit d'être tuteur ou d'émanciper, etc.,
et autres du même genre.

Transformation de la puissance paternelle, assimilation
de cette faculté juridique à la tutelle ; fondement des pouvoirs des majeurs sur les mineurs dans la nécessité de protéger ces derniers ; attribution de cette législation à l'ordre
public. Voilà le bilan du siècle pour la législation fami-
liale.

Il faut le reconnaître pour récapituler le sujet : dans une
succession lente et graduelle de modifications à travers
les âges, les principes d'humanité et de justice se sont déve-
loppés ; les mœurs sont devenues plus douces et plus
équitables ; une compréhension plus nette de la valeur

morale et économique de l'homme, de la nécessité de la
sauvegarder, s'est fait jour dans les esprits : l'antique droit
du père de famille en est arrivé insensiblement, à force de
restrictions et de contrôles, à un renversement complet de
sa notion et de sa définition ; il est devenu une sorte de
fonction sociale, de *munus publicum*, à lui confié dans
l'intérêt de l'enfant, pour la garantie des droits de l'enfant,
et dont le père peut être privé s'il en abuse ou s'il en
devient indigne. Et cette réglementation n'a pas porté
atteinte à la liberté, à moins que l'on n'entende par liberté
le pouvoir d'opprimer autrui : elle l'a au contraire accrue
et sanctionnée en l'affermissant sur sa véritable base.

A la place de l'incohérence des facultés arbitraires et mal
combinées, aveugles et empiriques, est instauré l'édifice de
la protection de la personne humaine sous l'égide de tous.

Nous avons montré combien il est rationnel de considérer
cette fonction comme relevant de l'intérêt général, de
l'ordre public, de la souveraineté de l'Etat, en un mot de
la solidarité sociale, fondée sur l'ordre naturel des choses.

Notons, s'il est permis d'ouvrir une parenthèse purement
philosophique, qu'il ne s'agit là que d'un cas particulier de
la loi générale d'évolution universelle, rendue consciente
dans l'ordre social par la pensée humaine, et par conséquent
susceptible d'être aidée et facilitée par les lois positives.

En effet, dans les sociétés humaines et civilisées, quel est
le trait marquant, le caractère distinctif de cette évolution ?
C'est un double mouvement tendant d'une part au développement de plus en plus complet, à l'expansion de plus
en plus intégrale, à la garantie de plus en plus solide du
droit de l'individu ; de l'autre, l'individu n'existant comme
personne juridique que dans la société, à l'organisation, à
l'intégration, à la solidarisation des intérêts et des forces
sociales, à la coordination de toutes les parties constituti-
ves de la société en vue du « devenir » de l'être collectif ;
c'est la marche d'un état informe, confus, antagoniste,
vers un état toujours plus façonné, plus différencié, mais
en même temps plus régulier et plus organique, où la

société devient « substance » et « cause » de l'individu et l'individu « fonction » et « fin », de sorte que les velléités égoïstes cèdent le pas au service public.

Le rôle joué par les lois positives dans ce milieu est alors facile à définir et aisé à mettre en pratique, surtout dans la matière qui nous occupe et où la lutte n'est qu'entre individus, non entre classes ; c'est l'instrument de cette évolution, de cette transformation ; c'est l'organe de contrôle, de pondération et d'équilibration des parties dans le tout, enfin la formule, l'expression tendant à être exacte et réelle des rapports existant normalement, de manière à réprimer les lésions et les dommages.

Ce double mouvement, sa doctrine coïncide avec la synthèse scientifique des doctrines philosophiques modernes : H. Spencer, sans en voir toute la portée, le définit très nettement comme tendant à l'*hétérogénéité cohérente* ; Fouillée en fait une application d'un *organisme contractuel* ; Guyau, une mise en œuvre de la *sympathie* solidarisante ; le docteur Pioger parle de la réalisation de la loi d'*organisation* et de *solidarité* ; dans l'ordre du sentiment, Auguste Comte parle d'*altruisme*, et Schopenhauer de *sympathie* et de *pitié universelles*. Bien d'autres, après ces esprits éminents, ne trouvent d'explications sérieuses et dignes de ce nom, qu'en recourant à des hypothèses bio-sociologiques ou psycho-sociologiques analogues et de même direction.

Mais sans attacher plus d'importance qu'il ne faut à ces théories purement spéculatives, quoique scientifiques et documentées, il nous était permis de les indiquer d'un trait rapide, pour montrer avec quelle force elles viennent corroborer notre thèse.

Car il est évident que si nous nous trouvons, au point de vue historique, social et philosophique en face d'un problème dont les données découlent de l'organisme même de la vie de l'humanité, *a fortiori*, sur le terrain légal et juridique, devra-t-on considérer comme impératives les in stitutions que chaque souveraineté d'Etat créera en pensant que ce sont les meilleures pour asseoir l'ordre et le progrès social sur leurs assises fondamentales.

Il faut donc conclure de cet exposé à la fois historique et critique, par une affirmation catégorique : la déchéance de la puissance paternelle peut être prononcée par les tribunaux nationaux contre les parents étrangers.

Certes, des difficultés, des conflits de loi peuvent résulter de cette solution, qui n'en reste pas moins la seule logique, la seule conforme au texte et à l'esprit de notre législation, comme au sens intime de notre évolution sociale ; mais ces difficultés et ces conflits, moins graves, moins terribles que dans d'autres matières juridiques s'aplaniront encore dans la pratique de l'avenir : les peuples civilisés sont tous entraînés, nous l'avons vu, par le même courant profond et irrésistible... tous adoptent peu à peu une législation de protection de l'enfance, de protection des faibles ; tous s'avancent avec une rapidité variable vers une conception de justice et d'humanité, dont les traités internationaux viennent encore accroître l'importance et hâter l'avènement.

Par la science, l'art, la littérature, le commerce, l'industrie, toutes les formes de l'activité humaine, l'étranger cesse d'être l'ennemi, *hostis*, du vieux droit ; le forain, le pérégrin, semblent n'être plus que des curiosités historiques : ceux qui reçoivent l'hospitalité sur une terre étrangère, s'ils jouissent déjà presque partout des mêmes droits civils que les nationaux, doivent supporter les charges et les obligations corrélatives : pas de droit sans devoir, pas de devoir sans droit : voilà la vérité qui éclate maintenant dans tous les esprits !

Et puis, la codification du droit international privé et public n'est ni un leurre, ni une chimère : ce sera une partie de l'œuvre immense dont le XX' siècle assumera la tâche lourde mais glorieuse !

ARMAND BÉDARRIDE,
Avocat.

APPENDICE

Vœu Présenté au Comité de Défense

De l'exposé fait dans le présent rapport, résulte la conclusion nettement affirmative dans le sens de l'application aux parents étrangers de la déchéance de la puissance paternelle.

Néanmoins, nous ne nous dissimulons pas les scrupules légitimes que pourront avoir les tribunaux et les parquets à mettre en pratique la solution qui nous semble la meilleure, mais qui pourra leur paraître, peut-être, trop tranchante et trop absolue.

La loi de 1889 ne peut guère, en effet, être considérée còmme un chef-d'œuvre juridique et législatif ; elle gagnerait à être plus claire sur bien des points, étant donnée sa complexité et sa gravité ; c'est qu'elle porte le défaut de son origine : pareille à bien d'autres lois, d'abord méthodiquement élaborées par un auteur attentif et soigneux, ou par une commission technique, puis, dans la discussion publique, modifiées, amendées, et parfois négligées au hasard des séances, traînées dans les cartons des chambres, ou votées au pas de course, entre une interpellation et un budget, elle souffre de certains oublis, de certaines inattentions et de certaines lacunes.

D'ailleurs, les lois nouvelles ne sont pas toujours appliquées d'une façon bien complète et bien profonde dans les premiers temps de leur existence ; il faut compter avec les habitudes acquises, les états d'esprit, les tendances personnelles, les sentiments personnels ; il faut aussi compter avec la mise en train et l'apprentissage pratique chez les magistrats et les fonctionnaires ; quand a été fait le règlement d'administration publique, prévu et annoncé par la loi de 1889 et réglementant la matière ? Il n'existe pas encore au bout de six années !

La déchéance de la puissance paternelle, pour être prononcée, doit être requise : or, même à l'égard des parents français, croit-on qu'elle l'est dans tous les cas où elle devrait l'être ? Le pli n'est pas encore pris et la jurisprudence n'est pas encore formée.

Mais qui peut requérir ?

Certains membres de la famille, ou à défaut, le ministère public d'office ; et, parfois, le ministère public, en l'absence de toute demande venant d'un intéressé, en face d'un mineur étranger, répugnera à prendre cette initiative. D'ailleurs, des considérations pécuniaires et administratives empêcheront peut-être, dans tous les grands centres frontières, les autorités constituées, de vouloir surcharger, par les dépenses afférentes à l'entretien d'un nombre considérable de mineurs étrangers, les budgets publics et les œuvres philanthropiques françaises, et à joindre ainsi ces dépenses à celles occasionnées par les délinquants emprisonnés ou envoyés en correction ; il faudrait des ressources énormes, qui constitueraient une trop grande charge pour les contribuables à l'état actuel.

Italiens à Marseille ou à Toulon, Allemands ou Luxembourgeois à Nancy, Belges à Lille, Douai, Roubaix, et bien d'autres lieux, comptent une armée de malheureux, croupissant dans le paupérisme.

..... Certes, ce serait de la charité entendue dans le sens le plus noble et le plus élevé, *caritas,* amour de l'humanité, que de tendre à tous une main secourable, sans regarder plus la race que la religion.

Mais si quelque obstacle entrave l'exécution rapide et complète des mesures de ce genre, notons qu'il reste une œuvre qui s'impose ; il y a une catégorie de mineurs qui appellent à ce point de vue plus que tous autres, la sollicitude des pouvoirs publics : ce sont les enfants nés en France de parents étrangers.

Ceux-là sont presque français, ils le sont déjà à l'état virtuel sous condition suspensive ; ils bénéficient d'une législation spéciale et d'une jurisprudence favorable au point de vue judiciaire, militaire et administratif, notamment en matière d'expulsion ; à leur majorité, ils n'ont qu'à vouloir pour être français.

On peut donc considérer que la législation actuelle crée à leur profit une présomption qui doit surtout s'appliquer dans les matières analogues à celle qui nous occupe ; la législation de la famille, avec son caractère bien tranché de protection des mineurs, des incapables, doit leur bénéficier.

Bien des motifs théoriques et pratiques militent en faveur de cette solution immédiate : l'objection tirée de la nationalité des parents, à la supposer bien fondée, n'a plus rien à voir ici ; nous sommes sur un terrain de fait, plus résistant et plus solide ; il ne dépend pas du mineur de fixer légalement la nationalité française sur sa tête ; il doit attendre l'âge prescrit ; doit-on le punir, en ne le protégeant pas pendant qu'il est mineur en ne lui accordant pas le bénéfice de lois faites pour le mineur, de ce qu'il est encore dans cet état de minorité, de ce qu'il n'a pas encore l'âge de prendre la qualité et les charges du Français ?

Ces enfants nés en France, élevés en France, destinés probablement à y grandir et à y séjourner, font déjà, dans leur jeune âge, partie intégrante du corps social, et se façonnent, graduellement, aux conditions de fonctionnement et d'équilibre de ce milieu ; ils s'attachent au pays qui leur a donné l'air et la lumière ; ils perdent souvent tout point de contact, tout lien avec leur pays d'origine, dont il leur arrive dans certains cas d'ignorer la langue ; toutes considérations sentimentales mises de côté, la toile d'araignée du travail, de la famille, des intérêts, du pain quotidien, de la vie générale les retient : par une sorte d'accession morale, ils sont des nôtres, ils ne sont plus étrangers, ils ne peuvent pas être pris comme tels.

N'y a-t-il pas lieu de leur assurer par avance la protection et les bienfaits de la loi française et de notre existence nationale, si l'on hésite à les accorder aux enfants réellement étrangers ?

Il serait donc utile d'émettre le vœu suivant :

« Le Comité émet le vœu que la déchéance de la puissance paternelle soit requise et appliquée dans tous les cas prévus par la loi, non-seulement aux enfants mineurs nés de parents français, mais encore aux enfants mineurs nés de parents étrangers, surtout et en première ligne à ceux nés en France, que l'on considèrerait ainsi comme français par provision, dans les mesures de protection qui peuvent leur être nécessaires. »

www.ingramcontent.com/pod-product-compliance
Lightning Source LLC
Chambersburg PA
CBHW060503210326
41520CB00015B/4076